AF504380

Isaac et ses supermains, Décembre 2022.
Dépôt légal: Décembre 2022.
ISBN: 979-10-415-0734-4
Conforme à la loi n°49-956 du 16 juillet 1949
sur les publications destinées à la jeunesse.
© Marouen Rebani, 2022. 17 route de vienne, 69320 Feyzin, France.

Isaac et ses supermains

Arini Ambarwati   **Mira Widhayati**

À l'école, je suis accompagné en permanence d'une AESH
(accompagnants d'élèves en situation de handicap),
car mes supermains sont un peu compliquées à gérer.

En classe, j'aime remuer mes supermains de manière répétée, comme un papillon qui bat des ailes. On appelle ça faire du "*flapping*".

J'aime mettre des objets dans ma bouche,

et frotter différentes surfaces avec mes doigts.

Avoir des supermains, c'est comme porter des gants,
je ressens moins les choses. On appelle ça une "*hyposensibilité*".

J'aime beaucoup faire des bruits bizarres avec
mes supermains et ma voix,

parfois je tape les choses qui sont dans mes mains.

Je touche souvent les bras des adultes, c'est très agréable
pour moi, c'est comme toucher de la pâte à modeler.

Des fois, j'attrape des choses brûlantes avec mes supermains et je me fais mal. Attention les amis! Il ne faut jamais toucher un objet très chaud sinon on se brûle.

Je joue toujours seul avec mes supermains.

Quand mes amis m'appellent pour jouer avec eux, j'essaie de
leur parler mais les mots ne sortent pas alors j'abandonne
et je continue de jouer avec mes supermains.

Parfois la classe est trop bruyante. Ça me frustre et je me mets en colère!

Et je n'arrive plus à contrôler mes supermains.

Je comprends mieux lorsque l'on communique avec des images.

Car j'ai aussi des supers yeux!

Je suis très heureux quand je fais du vélo ou du roller.
Mes supermains aussi sont heureuses car je n'ai plus
besoin de faire du *flapping*.

Ma maîtresse dit "Isaac est un garçon merveilleux.
Il ne parle pas avec les autres élèves. Il a du mal
à communiquer. Il communique avec les adultes grâce
à des gestes et essaie de se faire comprendre.

Et il fait souvent des mouvements répétitifs, mais c'est un garçon sensible, affectueux et intelligent".

Chez moi j'aime me balancer,

tourner sur mon fauteuil pivotant.

Mais je préfère surtout écouter des comptines avec mon casque.

Je raffole de la cuisine épicée de ma maman. Mon plat préféré est le poulet avec des frites car c'est croustillant.

J'aime quand la nourriture est piquante et croustillante!

Quand je m'ennuie, je mords mes vêtements.

Ça met ma maman en colère parce que
j'abîme tous mes vêtements.

Ces supermains font de moi un enfant différent des autres. Petit à petit, j'apprends à les contrôler. Un jour, je l'espère, les mots sortiront et je pourrai enfin jouer avec mes amis à la place de mes supermains. Malgré mon autisme.

Tapes-en cinq avec mes super mains.

À la prochaine.

Flapping : mouvements répétitifs des mains,
forme d'auto-stimulation.

Hyposensibilité : troubles sensoriels dus à un manque/
manque de sensibilité aux stimuli sensoriels.

Trouble spectre Autisme (TSA) : un trouble du
développement neurologique et de la fonction cérébrale
qui affecte le comportement
et les interactions.

Comment se comporter quand notre ami
est un enfant autiste?

◦ Être patient
◦ Approchez lentement
◦ Utilisez un langage simple
◦ Lui montrer quelque chose qu'il aime vraiment
◦ Apprécier
◦ S'aimer
◦ Être tolérant
◦ S'ouvrir aux autres
◦ Accepter les differences
◦ S'amuser

J'aime mâcher des parties de mes vêtements et quelques trucs
J'aime regarder du coin de l'oeil
j'ai la vue perçante
J'ai un sens aigu de l'odorat
j'aime les odeurs fortes
J'aime la nourriture épicée et assaisonnée
Je ressens peu la douleur
j'aime les câlins serrés
J'aime porter des choses lourdes
J'aime me balancer et tourner
J'aime les sports physiques que sont le vélo, le roller et l'escalade

L'avis de l'auteure:
L'autisme est souvent associé à des problèmes sensoriels.

Les personnes autistes et les personnes ayant des déficiences sensorielles ont tendance à ressentir les informations sensorielles différemment.

Certains sont hypersensibles (ressentent trop de choses) ou hyposensibles ressentent moins les choses). Cela peut aussi être les deux ou aucun.

L'avis de Emilie STOKLET, Orthoponiste:
La prise en soin orthophonique permet d'aller à la rencontre d'enfants extraordinaires amenant à voir le monde sous un autre angle en prenant en compte leur spécificité. Plus particulièrement, travailler avec Isaac a été d'un très grand enrichissement sur le plan professionnel mais aussi personnel. Isaac est un jeune garçon sensible, attachant et en pleine évolution. Les supermains d'Isaac sont créatrices et lui permettront avec le temps de trouver un bon équilibre entre explorer l'environnement à sa manière et se saisir des situations d'apprentissage que nous lui apportons.

L'avis de Bernet Maguy-Margarett, psychoéducatrice
Je suis la psychoéducatrice d'Isaac depuis Mars 2022. C'est un petit garçon qui aime travailler et utiliser ses supermains. Il progresse à son rythme et il a besoin de temps afin de montrer ses supers compétences.

Arini Ambarwati : L'auteure et mère d'Isaac, aime le bricolage et les activités éducatives pour enfant ainsi que sensibiliser à l'acceptation des enfants avec autisme.

Mira, L'Illustratrice : Trouver de la joie à créer son propre monde et à raconter des histoires au travers des images. Le thé, l'artisanat et les plats délicieux sont ses autres sources de joie.

www.ingramcontent.com/pod-product-compliance
Lightning Source LLC
Chambersburg PA
CBHW041816130726
48010CB00004BA/189